Manuel Knobelspieß

Hat das Auftreten eines YouTubers Einfluss auf seine Glaubwürdigkeit?

Wie parasoziale Interaktion von Followern wahrgenommen wird

Bibliografische Information der Deutschen Nationalbibliothek:

Die Deutsche Nationalbibliothek verzeichnet diese Publikation in der Deutschen Nationalbibliografie; detaillierte bibliografische Daten sind im Internet über http://dnb.d-nb.de abrufbar.

Impressum:

Copyright © Science Factory 2020

Ein Imprint der GRIN Publishing GmbH, München

Druck und Bindung: Books on Demand GmbH, Norderstedt, Germany

Covergestaltung: GRIN Publishing GmbH

Abstract

Das Ziel der vorliegenden Bachelorarbeit ist es, den Einfluss von parasozialer Interaktion und Beziehungen (Horton & Wohl, 1956) auf die Glaubwürdigkeit von YouTubern zu messen. Parasoziale Interaktion wurde manipuliert durch eine direkte Begrüßung, Ansprache und Miteinbeziehen der Zuschauenden in einem Video. Glaubwürdigkeit wurde nach Hendricks et al. (2015) in die Dimensionen Expertise, Integrität und Wohlwollen eingeteilt. In dieser Studie wurden 108 Probanden im Alter von 20-29 Jahren ein Video mit entweder hoher oder niedriger parasozialer Interaktion gezeigt. Anschließend füllten sie einen Online-Fragebogen aus.

Die Items des Fragebogens umfassten das METI-Inventar zur Glaubwürdigkeit und die PSI-Scale zu parasozialer Interaktion. Die Ergebnisse konnten die Hypothese, dass hohe parasoziale Interaktion hohe Glaubwürdigkeit zur Folge hat, nicht bestätigen. Bezogen auf Expertise bewirkte eine hohe parasoziale Interaktion eine schlechtere Bewertung, während es auf den Dimensionen Integrität und Wohlwollen keinen signifikanten Unterschied ergab. Es konnte ein Unterschied in der Bewertung zwischen Männern und Frauen festgestellt werden. Frauen schätzten den YouTuber signifikant glaubwürdiger ein. Parasoziale Interaktion ist vermutlich nur ausschlaggebend, wenn Rezipierende YouTuber*innen als parasoziale Meinungsführer ansehen. Dazu müssen Rezipierende mehrfach mit YouTubern parasozial interagieren.

Schlagwörter: Parasoziale Interaktion, Parasoziale Beziehungen, Glaubwürdigkeit, YouTube, Parasoziale Meinungsführer

Inhaltsverzeichnis

Abbildungsverzeichnis

Tabellenverzeichnis

1. Theoretischer Hintergrund

Es ist der 18. Mai 2019. Deutschland steht mitten im Wahlkampf eine Woche vor der Europawahl. Der bisher für Musik- und Comedy-Inhalte bekannte YouTuber Rezo veröffentlicht ein 55-minütiges Video mit dem Titel „Die Zerstörung der CDU". Das Video kritisiert scharf die beiden Volksparteien CDU und SPD (Stuttgarter Nachrichten, 2019). Was bei Jugendlichen und jungen Wählern/Wählerinnen gut ankommt, bewirkt bei älteren Wählern eher Kopfschütteln und Unverständnis. Der reißerische Titel und das Format YouTube verwirrt viele ältere Wähler*innen. Ein geplantes Antwortvideo der CDU von Philipp Amthor, der im selben Alter wie Rezo ist, erscheint nie. Stattdessen wird ein 11-seitiges PDF Statement veröffentlicht und die CDU verliert schlussendlich viele Wähler in der Europawahl. Die Volkspartei schafft es nicht im selben Format auf Rezo zu reagieren und sich gegenüber den jungen Wählern/Wählerinnen zu rechtfertigen. Wie kann ein bis dahin in Deutschland relativ unbekannter YouTuber innerhalb einer Woche über fünf Millionen Klicks sammeln? Es stellt sich die Frage nach der Kompetenz und Glaubwürdigkeit Rezos. Woher nimmt sich ein YouTuber das Recht, die CDU zu *zerstören*? Wieso sollte man ihm glauben? Rezo hat insgesamt knapp über 13 Seiten Literatur hinterlegt, in der mit zahlreichen Quellen aus Medien und Wissenschaft seine Behauptungen untermauert werden. Manche Fragestellungen des Videos sind nicht neu und einige Quelle werden übernommen, ohne hinterfragt zu werden (Süddeutsche Zeitung, 2019). Jedoch trifft Rezo mit seinem Format und dem aktuellen Thema den Nerv der Zeit. Das Video wurde mittlerweile über 15 Millionen aufgerufen. Nicht nur die Nennung mehrerer Quellen, sondern auch sein Auftreten und Videoformat machen Rezo glaubwürdig. Die

Art, wie er seine Follower anspricht und miteinbezieht, sein Humor und sein Auftreten generell lassen Rezo sympathisch und greifbarer wirken. In den Kommunikationswissenschaften wird für dieses Auftreten der Begriff parasoziale Interaktion verwendet.

In dieser Studie wird der Einfluss parasozialer Interaktion auf die Glaubwürdigkeit von YouTubern untersucht. Zuerst werden die Begriffe parasoziale Interaktion, parasoziale Beziehung, YouTube und Glaubwürdigkeit definiert. Des Weiteren wird der aktuelle Stand der Forschung auf dem jeweiligen Gebiet erläutert. Es folgen die Überleitung zur Studie und die damit verbundenen Hypothesen. Im Methodenteil wird genauer auf die Stichprobe, die Durchführung und die Messmethoden eingegangen, zuletzt erscheinen die Ergebnisse der Studie, welche statistisch belegt werden. Abschließend werden in der Diskussion die Ergebnisse kritisch hinterfragt und ein Ausblick auf zukünftige Forschung gegeben.

1.1 Erkenntnisinteresse

Parasoziale Interaktion und parasoziale Beziehungen wurden durch das Untersuchen von Mediencharakteren und Fernsehnutzung entwickelt (Horton & Wohl, 1956). Neue Medienfiguren resultierten durch die Entwicklung des Internets und im speziellen der Videoplattform YouTube. Daher ist es von großer Bedeutung, Youtuber*innen als neue Mediencharaktere hinsichtlich der parasozialen Interaktion und parasozialen Beziehung zu untersuchen. Seit mehr als 60 Jahren wird zum Thema der parasozialen Interaktion und Beziehung geforscht, darum ist es wichtig, diese nicht nur im Kontext des Fernsehens, sondern auch des neuen Mediums YouTube zu betrachten.

1.2 Forschungsfrage

In der Aufarbeitung des Forschungsgegenstandes stellt sich die Frage, ob parasoziale Interaktion die Glaubwürdigkeit von Personen beeinflusst, welche Inhalte auf YouTube veröffentlichen. Es soll herausgefunden werden, ob hohe oder niedrige parasoziale Interaktion die Glaubwürdigkeit, welche aus den drei Subdimensionen Expertise, Integrität und Wohlwollen bestehen, positiv oder negativ beeinflusst. Dabei bezieht sich diese Studie hauptsächlich auf wissenschaftliche Studien von Dibble, Hartmann & Rosaenn (2015) und von Hendriks, Kienhues und Bromme (2015). Diese Forschung wurde zusammen mit Maja Nickel durchgeführt, welche ebenfalls ihre Bachelorarbeit über dasselbe Thema schreibt, jedoch bezogen auf die Altersgruppe der 16-19-Jährigen. Diese Studie beruht auf der Annahme, dass sich eine hohe parasoziale Interaktion positiv auf die Glaubwürdigkeit von YouTubern auswirkt. Im Zuge dieser Studie sehen Probanden ein Video mit hoher und niedriger parasozialer Interaktion, woraufhin anschließend die Glaubwürdigkeit eines fiktiven YouTubers bewertet wird. Diese Arbeit soll einen aktuellen Stand über parasoziale Interaktion und dessen Einfluss auf Glaubwürdigkeit und weitere Forschungsansätze für die Zukunft liefern.

1.3 Parasoziale Interaktion

Horton und Wohl bezeichnen parasoziale Interaktion (PSI) als „one-sided, nondialectical, controlled by the performer, and not susceptible of mutual development" (Horton & Wohl, 1956, S. 215). Nach diesem Ansatz wird PSI als einseitige und vom Sender kontrollierte Botschaft verstanden.

3

Hartmann unterscheidet zwischen sozialer und parasozialer Interaktion. Soziale Interaktion setzt voraus, dass mindestens zwei Menschen sich der Anwesenheit des anderen bewusst sind und in Interaktion miteinander stehen bspw. durch eine face-to-face Kommunikation. Interaktion beschreibt den Begriff der Wahrnehmung der Aktion des einen Akteurs durch den anderen und die darauffolgende Reaktion. Soziale Interaktion ist dementsprechend reziprok, also wechselseitig (Hartmann, 2010, S. 13). Die parasoziale Interaktion unterscheidet sich von der sozialen Interaktion in einem wesentlichen Punkt, und zwar interagiert hier die Medienfigur, als Interaktionspartner*in mit einem für sie unsichtbaren Gegenüber. Jedoch sind sich beide Interaktionspartner der Anwesenheit des anderen bewusst und berücksichtigen das Verhalten des anderen (Hartmann, 2010, S. 14). Nach Hartmann (2010) existiert ein *blinder Fleck* in der parasozialen Interaktion, wodurch die Medienfigur nicht in der Position ist, Rezipierende und deren Reaktion zu beobachten. Dem/der *blinden* Interaktionspartner*In ist es unmöglich die Beobachterrolle einzunehmen und beschränkt sich daher auf sein/ihr Handeln. Der *blinde Fleck* kann zum Beispiel dadurch ausgeglichen werden, indem die Medienfigur die richtigen Reaktionen ihres Publikums antizipiert und ihre Performance korrekt an das tatsächliche Verhalten der Rezipierenden anpasst (Hartmann, 2010, S. 15). Hartmann schreibt „Zuschauer erleben dann die eigentlich einseitige, asymmetrische Interaktion als eine wechselseitige Interaktion" (Hartmann, 2016, S. 79). So entsteht für die Rezipierenden das Gefühl einer normalen, sozialen face-to-face Interaktion. Diese Illusion der sozialen Interaktion nennt man parasoziale Interaktion (Hartmann, 2016, S. 79).

Rezipierende Personen können ihren Interaktionspartner beobachten und auf ihn reagieren. Ihnen ist die Illusion der sozialen Interaktion in den meisten Fällen bewusst, jedoch können sie nach Belieben auf die Medienfigur reagieren, selbst wenn diese Reaktion in einer realen Interaktion unangebracht wäre (Trepte & Reinecke, 2019, S. 99).

Das Zwei-Ebenen-Modell von Schramm und Hartmann beschreibt parasoziale Interaktion als Verarbeitung von Wahrgenommenem und Erlebtem. Das Modell greift drei Dimensionen auf: perzeptiv-kognitive, affektive und konative Teilprozesse. Wobei die perzeptiv-kognitive Dimension Aspekte der Wahrnehmung, des Denkens, Bewertens und Erinnerns beinhalten. Affektive Teilprozesse beziehen sich auf (positive sowie negative) Gefühle gegenüber einer Medienfigur, dies beinhaltet zum Beispiel Sympathie und Antipathie. Die dritte Dimension umfasst beobachtbare Verhaltensäußerungen der Rezipierenden, welche auf die Medienfigur gerichtet sind. Darunter zählen verbale und nonverbale Verhaltensweisen sowie Verhaltensabsichten (Schramm & Hartmann, 2008, S. 3-4). Hartmann geht davon aus, dass es nicht möglich ist mit einer *anwesenden* Medienperson nicht zu interagieren (Schramm & Hartmann, 2007, S. 211). Das Ausmaß der Interaktion ordnen sie auf einer Skala von „minimal" bis „sehr stark" ein. Die Intensität wird eingeordnet in oberflächlich-schwache PSI (Low-Level-PSI) und intensiv-starke PSI (High-Level-PSI). Während der PSI werden Informationen über die Medienfigur aufgenommen, bewertet und in ein Beziehungsschema eingesetzt, was als Basis der parasozialen Beziehung verstanden werden kann (Schramm & Hartmann, 2007, S. 211).

1.4 Parasoziale Beziehungen

Aus parasozialen Interaktionen können parasoziale Beziehungen (PSB) entstehen, welche gewöhnlich als freundschaftliche, positive Beziehung zu einer Medienperson verstanden werden (Hartmann 2010, S. 51). Horton und Wohl (1956) gehen davon aus, dass parasoziale Beziehungen verglichen mit normalen Beziehungen als zuverlässiger und vorhersagbarer gelten, da kaum negative Überraschungen zu erwarten sind. Als Beispiel ist der/die Fernsehmoderator*In zu nennen, welche/r wiederholt als bekannter Charakter auftritt, dabei immer dieselbe Rolle spielt und sich dem Publikum gegenüber nicht abweisend verhält (Horton & Wohl, 1956, S. 217). Jedoch argumentiert Barth (2003), dass auch negative Beziehungen zu Medienpersonen denkbar sind. Zuschauer können einer Medienperson oppositionell gegenüberstehen und ihnen gegenüber sogar Ablehnung entwickeln. Parasoziale Interaktionen und Beziehungen bedingen und beeinflussen sich gegenseitig. Eine einmalige parasoziale Interaktion kann sich in einer einfachen Beziehung abbilden, die Rezipierende motivieren sich in der Folge wiederholt mit der Medienperson auseinanderzusetzen und erneut parasoziale Kontakte herbeizuführen. Dadurch können sich Interaktionen und Beziehung gegenseitig steigern und ein Spiralprozess entsteht. (Hartmann, 2010, S. 52). Nach Trepte und Reinecke (2013) versteht man unter parasozialen Beziehungen eher eine oberflächliche Beziehung wie z.B. mit einem Nachbarn, anstatt einer innigen Beziehung wie einer engen Freundschaft. Daher sollten für die meisten Menschen Beziehungen zu Medienfiguren kein ernstzunehmender Ersatz für eine reale Freundschaft sein (Trepte & Reinecke, 2013, S. 100-101).

1.5 Messung von Parasozialer Interaktion

Es existieren verschieden Skalen um parasoziale Interaktion zu messen. Rubin et al. (1985) entwarfen die PSI-Scale, welche als 20-Items Version oder als 10-Items Short Version bestand. Ursprünglich wurde die Skala entworfen, um PSI als „viewers' social involvement with local TV newscasters" (Dibble, Hartmann & Rosaen, 2015, S. 26) zu messen. Die PSI-Scale bezog sich nur auf TV-Charaktere und erwies sich als intern konsistent und eindimensional. Die Items setzten sich zusammen aus bereits existierenden Studien, beispielsweise sieben Items von Levy aus dem Jahr 1979. Dabei wurde größtenteils die Zuneigung gegenüber TV-Charakteren gemessen, die Teilnehmende z.B. als bodenständig oder als Freund, den sie gerne einmal treffen würden, beschrieben. Hartmann und Goldhorn (2011) entwickelten aufgrund der Annahme, dass die PSI-Scale parasoziale Interaktion nicht nach dem Original Konzept von Horton und Wohl misst, die Experience of Parasocial Interaction, kurz EPSI-Scale. Diese besteht aus sechs Items und versucht parasoziale Interaktion als „intuitive feeling of mutual awareness, attention, and adjustment with a media character in an exposure situation" (Dibble et al., 2015, S. 27) zu messen. Der EPSI-Scale wurde eine hohe Reliabilität und Validität zugeschrieben. Auslöser für parasoziale Interaktion sind nach Hartmann und Goldhorn (2011) vor allem körperliche Zugewandtheit und Blickkontakt der Medienfigur. Weitere Messmöglichkeiten der PSI umfassen die PSI-Process Scales von Schramm & Hartmann, die API-Scale von Auter und Palmgreen und Tukachinsky's Multiple-PSR-Scale (Dibble et al., 2015, S. 27). Aufgrund der häufigen Verwendung und Popularität der PSI- und der EPSI-Scale, fokussiert sich die vorliegende Arbeit nur auf diese beiden Skalen. Dibble, Hartmann und Rosean (2015) verglichen die Bewertung einer Frau im jungen

Erwachsenalter, welche den Zuschauenden entweder körperlich zugewandt war oder nicht. Die Probanden füllten den Fragebogen aus, der sowohl die PSI-Scale als auch die EPSI-Scale zur Messung von parasozialer Interaktion beinhaltete, die allesamt auf einer Likert-Skalierung beruhten. Bei dem Vergleich der beiden Skalen gehen Dibble et al. davon aus, dass die EPSI-Scale geeigneter zur Messung von parasozialer Interaktion ist. Da die PSI-Scale parasoziale Interaktion nicht nach dem ursprünglichen Verständnis von Horton und Wohl nicht richtig erfasst. Stattdessen misst die PSI-Scale vielmehr kurzfristige Zuneigung und Einstellungen gegenüber Medienfiguren (Dibble et al., 2015, S. 39).

1.6 Parasoziale Meinungsführer

Leißner, Stehr, Rössler, Döringer, Morsbach & Simon (2016) stellten das Konzept des parasozialen Meinungsführers (PSM) als Rezeptionsphänomen auf, welches entsteht, wenn zwei Bedingungen erfüllt sind. Wenn a) Rezipierende einer Medienfigur im Rahmen einer PSI bestimmte Merkmale zuschreiben, die b) Medienfiguren ermöglichen Rezipierende in deren Einstellungen zu beeinflussen (Leißner et. al, 2016, S. 247-248). Parasoziale Meinungsführer*innen sind bspw. YouTuber*innen, Medienakteure oder Nachrichtensprecher*innen, die Informationen aus Massenmedien selektieren und weiterverbreiten (Leißner et. al, 2016, S. 255). Ob eine Medienperson als parasozialer Meinungsführer*in wahrgenommen wird, beruht ausschließlich auf der Zuschreibung durch den einzelnen Rezipierenden. Austauschbeziehungen oder Rollenwechsel zwischen Meinungsführern und Rezipierenden sind nicht möglich. Die einzig mögliche Beziehung ist die Gefolgschaft der Rezipierenden. Bei YouTube sind das zum Beispiel Abonnierende (Stehr, Leißner, Schönhardt & Rössler, 2014, S.397). Stehr (2014) stellt fest, dass Befragte, die eine hohe parasoziale Beziehung zu einer Medienfigur aufweisen, dieser mehr Beachtung schenken. Hierbei kommt es zu einer Übernahme von Informationen, Meinungen und Werten, welche wiederum eine Verstärkung der parasozialen Beziehung zur Folge haben. Falls keine parasoziale Beziehung besteht, werden die Rezipierenden durch die Medienperson kaum beeinflusst (Stehr, 2014, S. 231-232).

In Bezug auf YouTube sind Rezipierende Menschen, die ein Video anschauen und die Möglichkeit besitzen dieses zu bewerten, zu kommentieren oder gar zu teilen. Die Medienfigur ist in diesem Fall der/die YouTuber*In, welche Videos hochlädt und versucht, die Reaktionen der Zuschauenden vorauszuahnen, um ihr eigenes Verhalten danach auszurichten. Durch mehrmaliges Schauen der Videos einer Medienfigur können parasoziale Beziehungen zwischen YouTuber*innen und Betrachtern des Videos aufgebaut werden. Es ist von den Inhalten der Videos, dem Auftreten von Medienfiguren und vor allem von den Rezipierenden abhängig, ob YouTuber*innen als parasoziale Meinungsführer*in auftreten.

1.7 YouTube

YouTube ist das am meisten genutzte Videoportal für audiovisuelle Medien im Internet. Unter einem Videoportal bezeichnet man eine Website, auf der Nutzer*innen jederzeit Bewegtbildinhalte abrufen können. Im Vergleich zu Streaming Anbietern wie Netflix, Amazon Prime Video oder Maxdome können Nutzer*innen auf YouTube selbst Inhalte hochladen (Lenz, 2018, S. 30).

Da YouTube neben seiner Eigenschaft als Videoportal Nutzenden die Möglichkeit bietet, Videos zu kommentieren, zu bewerten und Kanäle zu abonnieren, ist es ebenfalls als soziales Netzwerk einzustufen. Primbs (2016) gibt dazu folgende Beschreibung:

> Es wird oft die Frage aufgeworfen, ob YouTube selbst ein Soziales Netzwerk ist, oder doch „nur" die erfolgreichste Videoplattfrom/Mediathek der Welt. YouTube ist beides (und noch mehr). Der Charakter als Soziales Netzwerk zeigt sich darin, dass die meisten Videos auf YouTube auch kommentiert und bewertet werden. Außerdem gibt es soziale Vernetzung durch Kanal-Abo […] (S. 37).

Eine weitere Besonderheit von YouTube ist, dass es wie bisherigen Massenmedien keine Gatekeeper mehr gibt, die bestimmen welche Inhalte publiziert werden und welche nicht. Laien wird die Möglichkeit gegeben Videos zu veröffentlichen, sofern sie sich über ein Google Konto anmelden. Die Anzahl der Aufrufe und Qualität der Kommentare sind Faktoren, die über den Erfolg von YouTubern bestimmen und nicht wie bspw. im Fernsehen professionell ausgebildete Redakteure (Schwendner, 2018, S. 5-6).

YouTube wurde im Jahr 2005 von Chad Hurley, Steve Chen und Jawed Karim gegründet und ein Jahr später von Google aufgekauft. Seit 2007 ist es für Produzenten der Videos möglich über das YouTube-Partnerprogramm Geld zu verdienen (Rabe, 2019). YouTube selbst gibt an, dass monatlich mehr als 1,9 Milliarden angemeldete Nutzer*innen existieren. Dabei belaufen sich die Aufrufe über Mobilgeräte auf mehr als 70% der gesamten Wiedergabezeit auf You-Tube. Es gibt lokalisierte Versionen von YouTube auf 91 Ländern weltweit in insgesamt 80 verschiedenen Sprachen. Damit erreicht die

Plattform 95% aller Internetnutzer (YouTube Pressestatement, 2019). Im Jahr 2011 wurden mehr als ein Viertel aller Google Such-anfragen über YouTube ausgeführt. Bei einem Marktanteil von mehr als 90 Prozent weltweit, bedeutet dies, dass die Videoplattform die zweitgrößte Suchmaschine der Welt ist (Gerloff, 2015, S. 9). YouTube besitzt mit einem Marktanteil von 81% Unique Usern eine Vormacht-stellung von Video-Sharing Plattformen in Deutschland. Die Summe an Unique Usern gibt an, wie viele unterschiedliche Nutzer*innen in-nerhalb eines bestimmten Zeitraums eine Internetseite aufgerufen haben. Die nächstgrößeren Plattformen sind Dailymotion mit 4,5% und Clipfish mit 3,8% Unique Usern (Korting & Dietrich, 2019).

1.8 Nutzergruppe

Die ARD/ZDF-Online Studie 2017 hat herausgefunden, dass 31% der Erwachsenen ab 14 Jahren mindestens einmal wöchentlich Video-portale wie YouTube oder MyVideo nutzen. Im Jahr später belief sich diese Zahl auf ca. 39% (Frees & Koch, 2017; ARD/ZDF-Online Studie 2018). Bei der Alterskohorte der 14-29-Jährigen nutzen 83% min-destens einmal wöchentlich Videoportale. Damit ist dies die Al-terskohorte, die YouTube mit Abstand am häufigsten nutzt. Im Ver-gleich dazu wird Fernsehen, ob live oder zeitversetzt, nur von 39% derselben Altersgruppe genutzt. Die Anzahl der Nutzer*innen in Deutschland, die Online-Bewegtbilder zumindest wöchentlich sehen, ist von 2008 bis 2018 von 16% auf 60% gestiegen (Kupferschmitt, 2018, S. 428).

YouTube ist ein Medium der jüngeren Generation. Da 97% der Ju-gendlichen ein Smartphone besitzen, schauen immer mehr Kinder Videos auf dem Smartphone (Medienpädagogischer Forschungsverbund Südwest, 2017, S. 6). Fast zwei Drittel der jüngeren Mediennutzer schauen Videos mobil auf ihrem Smartphone (Frees & Koch, 2018, S. 404). Die Rede ist nicht mehr von ‚Digital Natives', sondern von sogenannten ‚Smartphone Natives'. Jugendliche und junge Erwachsene verbringen im Durchschnitt fast sechst Stunden pro Tag im Internet, ca. 3 Stunden mehr als der Bevölkerungsdurchschnitt (Frühbrodt & Floren 2019, S. 25). Besonders ist, dass die 14-29-Jährigen im Vergleich zu anderen Altersgruppen das Internet hauptsächlich zum Konsum von Medieninhalten nutzen, wie bspw. Online-Videos und weniger für individuelle Kommunikation oder Online-Spiele. In der Alterskohorte der 14-29-Jährigen nutzen 98% Videoportale wie YouTube mindestens selten. Bei älteren Kohorten wie den 30-49-Jährigen oder den 50-69-Jährigen sinkt dieser Wert auf 85% bzw. 45% (Kupferschmitt, 2018, S. 429).

Aufgrund der hohen Nutzungsrate unter Jugendlichen und jungen Erwachsenen fokussiert sich diese Studie auf die 20-29-Jährigen.

1.9 Produzenten

Unter den deutschen 100 erfolgreichsten YouTube Kanälen gibt es ca. 83% männliche und 17% weibliche Produzenten*innen (Frühbrodt & Floren, 2018, S. 45). Das bedeutet, es gibt mehr als drei Mal so viele männliche Produzenten wie weibliche Produzentinnen. Nach Inhalten betrachtet ist Unterhaltung mit 36% das größte Genre, gefolgt von Musik mit 24%, Gaming mit 15% und Beauty/Lifestyle mit 9% (Frühbrodt & Floren, 2018, S. 27). Von den 100 erfolgreichsten Kanälen werden 64% von Einzelpersonen, 12% von Personengruppen, 11% von Musikinternehmen und 8% von Medienunternehmen betrieben (Frühbrodt & Floren, 2018, S. 32).

Auf Videoportalen wie YouTube herrscht eine Trennung zwischen Sendern und Empfängern. Der Wirtschaftsökonom Pareto stellte das 80/20-Prinzip auf. Nach diesem sind 20 % der Produkte verantwortlich für 80 % des Umsatzes eines Unternehmens und ebenso machen 20 % der Kunden 80 % der Gewinne eines Unternehmens aus. Unter anderem beschreibt das Model Aufwand-Ertrag- und Ursache-Wirkung-Beziehungen (Koch, 2015, S. 22-23). Das Pareto-Prinzip lässt sich auch erweitert auf soziale Netzwerke anwenden. Hierbei sind von 100 Teilnehmenden in sozialen Netzwerken 90 Zuschauer, neun die ab und zu aktiv werden und Kommentare schreiben und nur eine Person, die aktiv einen Beitrag leistet, also z.B. selbst Videos veröffentlicht (Nielson zitiert in Schwender, 2018, S. 6). Diese ungleiche Verteilung ist nicht problematisch, da jeder die Möglichkeit hat selbst Videos hochzuladen. Jedoch muss beachtet werden, dass die aktiven YouTuber*innen die Internet-User nicht repräsentativ darstellen. Tatsächlich stellen die aktiven Nutzer*innen eher eine Minderheit dar, da sie sich trauen ihre Inhalte zu veröffentlichen (Schwender, 2018, S. 7). Dies bedeutet, dass eine Minderheit an sogenannten Influencern eine große Reichweite und starken Einfluss auf die Follower, also die Rezipierenden, hat. Bezieht man dies auf Deutschland, stellt sich heraus, dass über 500.000 Personen selbstproduzierte Inhalte auf YouTube für andere bereitgestellt haben. Darunter fallen zum Beispiel Erklärvideos, Comedy, Nachrichten, Musik- oder Meinungsvideos (Schwender 2018, S. 7). Da YouTuber*innen einen großen Einfluss auf ihre Follower haben, stellt sich die Frage, wie sie das genau anstellen.

1.10 Glaubwürdigkeit

Glaubwürdigkeit wird in der vorliegenden Arbeit als „eine Eigenschaft, die Menschen, Institutionen oder deren kommunikativen Produkten [...] von jemandem (Rezipienten) in Bezug auf etwas (Ereignisse, Sachverhalte, etc.) *zugeschrieben* wird" (Bentele, 2008, S.168) definiert. Wobei die Glaubwürdigkeit einer Person bzw. einer Institution unter zwei Bedingungen gegeben ist. Zum einen müssen Rezipierende darauf vertrauen, dass die Aussagen einer Person über Ereignisse wahrheitsgemäß und zudem adäquat beschrieben sind. Zum andern muss das kommunikative Verhalten der Person kohärent, also stimmig sein (Bentele, 2008, S. 168).

Zur Zurechtfindung in einer immer komplexer werdenden Welt ist es unerlässlich, dass jeder Mensch Informationen über Sachverhalte erlangt, selbst wenn es keinen direkten Zugriff auf die Quelle gibt. Aufgrund dessen müssen sich Rezipierende auf die gebotenen Inhalte und deren Zuverlässigkeit verlassen können (Nawratil, 1997, S. 15). Köhnken (1990) schreibt dazu:

> „Allgemein können wir sagen: Immer dann, wenn Informationen entscheidungs- oder handlungsrelevant werden, die uns nicht aus eigener Wahrnehmung bekannt sind, stellt sich prinzipiell die Frage nach deren Glaubwürdigkeit" (S. 1).

Im heutigen digitalen Zeitalter ist es schwierig, den Überblick über Informationen zu behalten, da ein permanenter Zugriff auf das Internet durch Smartphones oder Computer möglich ist. Im Jahr 2014 griffen mehr als 60% Prozent der Nutzer*innen auf das Internet zu, um Informationen zu wissenschaftlichen Themen zu erhalten (Hendriks, Kienhues & Bromme, 2015, S. 2). Online ist es möglich zahlreiche

Experten zu finden, doch es stellt sich die Frage welche davon ver-
trauenswürdig sind. Es ergeben sich zwei Herausforderungen: zum
einen die Frage nach der Kredibilität der Experten und zum anderen
das erhöhte Risiko von Falschmeldungen in Online-Medien im Vergleich zu traditionellen Medien. Die erste Problematik ist, dass keine
face-to-face Kommunikation mit Experten durch das Internet möglich ist. Daher gestaltet es sich schwierig auf Schlüsselreize wie Ge-
sichtsausdrücke oder Gesten zu achten. Aufgrund dessen nutzen
Laien jede vorhandene Information, am wichtigen ist hier der Text an
sich, um die Glaubwürdigkeit einer Quelle zu erschließen (Hendriks
et al., 2015, S. 2). Denn Corriveau et al. (2014) haben belegt, dass Nutzer*innen geschriebene gegenüber gesprochenen Informationen be-
vorzugen. Falschmeldungen stellen die zweite Herausforderung dar,
schließlich ist es für jeden Menschen möglich Informationen online
ohne Gatekeeper zu veröffentlichen. So liegt es schlussendlich an den
Rezipierenden die Glaubwürdigkeit und Kredibilität einer Quelle zu
beurteilen. Beispielsweise kann es für Laien problematisch sein,
Werbung von validen Informationen zu unterscheiden und zwischen
unseriösen und zuverlässigen Informanten zu differenzieren.

Hendriks et al. (2015) behaupten, dass Glaubwürdigkeit von mehreren Faktoren abhängig ist. Es wird davon ausgegangen, dass vor allem Laien auf die Hilfe von Experten angewiesen sind, wenn es die
Beurteilung von wissenschaftlichen Informationen betrifft. Um zu
entscheiden, welchen Experten vertraut werden kann, müssen Laien
die Glaubwürdigkeit dieser Personen bezüglich dessen Kompetenz,
der Einhaltung von wissenschaftlichen Standards und der Zuschreibung von guten Absichten bewerten (Hendriks et al., 2015, S. 1). Ma-
yer, Davis und Schoorman (1995) haben Expertise, Integrität und
Wohlwollen als wesentliche Faktoren von Glaubwürdigkeit

15

identifiziert. Unter Expertise werden die Kompetenz und Fähigkeiten einer Person verstanden. Integrität bezieht sich auf Aspekte wie Ehrlichkeit, Objektivität und die Einhaltung von anerkannten Standards. Wohlwollen beinhaltet die Absichten und den Wohlgefallen eines/einer Experten/Expertin. (Hendriks et al., 2015, S. 3). Um epistemische Glaubwürdigkeit anhand der drei genannten Faktoren zu messen wurde das Muenster Epistemic Trustworthiness Inventory, kurz METI, entwickelt, welches 14 Items beinhaltet.

Die Einschätzung der Glaubwürdigkeit wird als Ergebnis eines Zuschreibungsprozesses angesehen. Nicht die Intention des Kommunikators und dessen Absichten (wahrheitsgetreues Wissen zu vermitteln) ist entscheidend, sondern vielmehr die Wahrnehmung der Rezipierenden und deren Beurteilung der Glaubwürdigkeit (Nawratil, 1999, S. 15).

1.11 Fragestellung und Hypothesen

Aufgrund der aktuellen Debatte in Deutschland um das Rezo-Video, stellt sich die Frage nach der Glaubwürdigkeit von YouTubern. Diese wird in der vorliegenden Studie anhand parasozialer Interaktion erarbeitet. Die daraus abgeleitete Fragestellung lautet „Steigt die Glaubwürdigkeit eines Youtubers durch erhöhte parasoziale Interaktion?". Anhand der Ergebnisse von Hendriks et. al (2015) wurden drei Hypothesen in Bezug auf die drei Dimensionen von Glaubwürdigkeit aufgestellt. Eine Studie von Men und Tsai (2013) hat erwiesen, dass es einen positiven Zusammenhang zwischen PSI und wahrgenommener Glaubwürdigkeit in sozialen Netzwerken gibt. Vor allem parasoziale Meinungsführer werden als glaubwürdig angesehen.

Glaubwürdigkeit ist ein konstruierter Zuschreibungsprozess durch Rezipierende und ist nicht von der Medienfigur gegeben.

H1: Eine hohe parasoziale Interaktion wirkt sich negativ auf die wahrgenommene Expertise des YouTubers aus

Zwar zeigten Men und Tsai (2005) einen positiven Zusammenhang zwischen PSI und Glaubwürdigkeit, jedoch wird angenommen, dass in dieser Studie die Einschätzung der Expertise bei niedriger PSI besser ausfallen wird. Das liegt daran, dass eine Wortfindungsschwierigkeit in das Video mit hoher PSI eingebaut wurde, welcher sich negativ auf die wahrgenommene Expertise auswirken könnte (*Tabelle 1*). Experten treten in der Regel kompetent und selbstsicher auf, weshalb Wortfindungsschwierigkeiten eher unkompetent wirken könnten. Da die Expertise des parasozialen Meinungsführers nach Leißner et al. (2014) nicht nachprüfbar ist, stellt sie vermutlich nicht den entscheidenden Faktor dar, um als Meinungsführer zu gelten. Daher wird angenommen, dass die Dimensionen Integrität und Wohlwollen für die Glaubwürdigkeitsbewertung entscheidend sind und die Expertise eines YouTubers sogar negativ ausfallen kann.

H2: Eine hohe parasoziale Interaktion wirkt sich positiv auf die wahrgenommene Integrität des YouTubers aus

Nach Chen (2016) interagieren YouTuber*innen mit dem Publikum um PSI und PSB hervorzurufen. Sie werden „in ihrem digitalen Selbst und ihrem Auftreten durch parasoziales Verhalten der Fans gestärkt" (Chen, 2016). Das bedeutet, dass YouTuber*innen nach Hartmann's Spiralprozess (2010, S. 52) versuchen verstärkt PSI in ihre Videos einzubauen, da sie so ihr Publikum motivieren erneut in Interaktion zu treten und sich weitere Videos anzuschauen. Weitere

Interaktionen erfolgen nur, wenn Rezipierenden mit der Medienfigur sympathisieren und den Inhalt als unterhaltend ansehen. YouTuber*innen, die hoch parasozial auftreten, sollten dementsprechend als glaubwürdiger betrachtet werden. Als Folge dessen wird angenommen, dass hohe PSI sich positiv auf die wahrgenommene Integrität und das Wohlwollen gegenüber dem/der YouTuber*In auswirken sollte.

H3: Eine hohe parasoziale Interaktion wirkt sich positiv auf das wahrgenommene Wohlwollen des YouTubers aus

Wie in Hypothese 1 beschrieben sollte sich eine hohe PSI positiv auf die Glaubwürdigkeitsdimensionen Integrität und Wohlwollen auswirken. Es wird davon ausgegangen, dass ein positiver Zusammenhang zwischen PSI, Abhängigkeit von sozialen Medien sowie wahrgenommener Glaubwürdigkeit besteht (Men & Tsau, 2013). Daraus leitet sich folgende Argumentation ab: Wenn Rezipierende YouTuber*innen als moralisch und verantwortungsbewusst einschätzen, dann sind sie ihnen gegenüber positiver eingestellt und schätzen daher die Dimension Wohlwollen höher ein.

Des Weiteren wird angenommen, dass sich hohe parasoziale Interaktion positiv auf die Aufmerksamkeit und damit auf die Behaltensleistung von Informationen auswirkt. Dies ist eine explorative Hypothese, von der ausgegangen wird, da im Video mit hoher PSI Science Simon bspw. das Publikum auffordert aufmerksam zu sein („Jetzt müsst ihr nochmal richtig gut aufpassen, denn es wird wichtig!", *Tabelle 1*). Eine hohe Aufmerksamkeit beim Betrachten des Videos könnte eine höhere Behaltensleistung neuen Wissens verursachen. Außerdem werden Unterschiede auf der Verhaltensebene untersucht, um herauszufinden, ob es Unterschiede zwischen der

Experimental- und der Kontrollgruppe gibt. Zudem ist es möglich, dass Geschlechterunterschiede beim Bewerten der Glaubwürdigkeit auftreten, da das Video nur mit einem männlichen fiktiven YouTuber gedreht wurde. Es konnte nachgewiesen werden, dass Frauen stärkere parasoziale Beziehungen zu Medienfiguren aufbauen als Männer (Spinda, Earnheardt & Hugenberg, 2009; Yates, 2015). Frauen könnten Science Simon daher positiver einschätzen und seine Glaubwürdigkeit höher bewerten.

2. Methode

Die Studie wurde konstruiert als Between-Subjects-Design mit zwei unabhängigen Versuchsgruppen, um den Einfluss parasozialer Interaktion auf die Glaubwürdigkeit von YouTubern zu testen. Probanden wurde ein kurzes Video gezeigt, in dem der fiktive YouTuber Science Simon mit hoher oder niedriger parasozialer Interaktion zu sehen war. Anschließend sollten die Teilnehmenden einen kurzen Fragebogen zu Science Simon ausfüllen, der unter anderem die Einschätzung der Glaubwürdigkeit und als Kontrollvariable die PSI-Scale beinhaltete.

2.1 Stichprobe

Probanden (N=184) für diese Studie wurden rekrutiert über den OR-SEE Verteiler der Universität Erfurt und über den Newsletter der Fachschaft für Lehr-, Lern- und Trainingspsychologie. Teilnehmende der Studie hatten die Chance einen von jeweils fünf 10€ Gutscheinen zu gewinnen, zudem wurden Probanden mit einer halben Versuchspersonenstunde belohnt. Des Weiteren wurde der Fragebogen in mehreren Psychologie Fachschaftsgruppen und über die Website Survey Circle geteilt, um Probanden außerhalb von Erfurt zu gewinnen. Von den Rohdaten wurden 64 Probanden ausgeschlossen, da der Fragebogen nicht vollständig ausgefüllt wurde. Des Weiteren wurden neun Probanden aus Altersgründen ausgeschlossen: sechs lagen unterhalb (unter 20 Jahre) und drei lagen oberhalb der Altersgrenze (über 29 Jahre). Außerdem wurden drei Probanden ausgeschlossen, da sie angegeben hatten den YouTuber Science Simon persönlich zu kennen. Schlussendlich resultiert eine gültige Stichprobe aus N=108 Probanden.

Die Stichprobe bestand aus 62% Frauen (*n*=67), 37% Männern (*n*=40) und einem/einer Teilnehmenden ohne Angabe zum Geschlecht (*n*=1). Teilnehmende Personen waren im Alter von 20-29 Jahren (*M*$_{Alter}$=22,77, *SD*$_{Alter}$=2,035), wobei das am häufigsten genannte Alter 21 Jahre betrug (*n*=23). Die Stichprobe weist eine linkssteile, rechtsschiefe Verteilung auf (*Abbildung 1*). Die überwiegende Mehrheit der Teilnehmenden lebt in Thüringen (*n*=61,1%) und die restlichen Teilnehmenden in Baden-Württemberg (*n*=17,6%), Bayern (*n*=7,4%), Nordrhein-Westfalen und außerhalb von Deutschland (jeweils *n*=2,8%). Unter den Teilnehmenden befanden sich überwiegend Probanden mit dem höchsten Bildungsgrad Abitur (69,4%) oder einem Hochschulabschluss (26,9%). Die Stichprobe setzt sich zusammen aus 94 Studenten/Studenteninnen (87%), 10 Angestellten (9,3%), einem/einer Auszubildenden, einem/einer Beamten/Beamtin und zwei Probanden der Kategorie „Sonstiges".

Die meisten Probanden gaben an, dass sie YouTube ein bis zwei Mal pro Woche (*n*=39%) oder täglich (*n*=36%) nutzen. Dabei schauten die meisten Videos von einer Länge von weniger als 30 Min (*n*=47,2%) oder 30-60 Min (*n*=37%).

2.2 Durchführung

Die Studie wurde als Online Fragebogen erstellt und über die Website SoSciSurvey erhoben. Zuerst wurden die Probanden über den Gegenstand der Studie (Coverstory) aufgeklärt und füllten die Datenschutzerklärung aus. Unter dem Vorwand, ob Videos auf YouTube auch für schulische Zwecke geeignet sind wurde Teilnehmenden, nach einer kurzen Befragung zur generellen YouTube Nutzung, randomisiert ein Video des fiktiven YouTubers Science Simon gezeigt.

Dabei sahen 55 Probanden (n= 50,9%) das Video mit hoher PSI und 53Probanden (n=49,1%) das Video mit niedriger PSI. Die Randomisierung in gleich große Gruppen erfolgte per Urnenziehung über SoSciSurvey. Anschließend wurden die Probanden gebeten, im Rahmen der Coverstory einzuschätzen, ob das Video für die Schule geeignet ist und dies in einer offenen Antwort begründen. Zudem wurden Probanden jeweils drei Thumbnails (Vorschaubild eines Videos) von Science Simon gezeigt und gefragt „Wie wahrscheinlich ist es, dass Sie sich dieses Video von Science Simon anschauen würden?". Die Antworten wurden auf einer 5-stufigen Likert-Skala von „sehr unwahrscheinlich" bis „sehr wahrscheinlich" erfasst. Damit wurde versucht das zukünftige Verhalten der Rezipierenden zu erfassen. Dies sollte zeigen, ob Probanden auch zukünftig mit der Medienfigur interagieren würden. Nach der Coverstory-Abfrage begann die Bewertung der Glaubwürdigkeit von Science Simon durch den METI-Fragebogen auf einer 7-stufigen Likert-Skala. Nachfolgend wurden Aufmerksamkeit und Wissen anhand von jeweils drei Single-Choice-Fragen erfasst. Zuletzt wurden die Probanden gebeten parasoziale Interaktion auf der PSI-Scale und das Vorwissen auf einer 5-stufigen Likert-Skala einzuschätzen. Abschließend wurde den Teilnehmenden die Möglichkeit gegeben am Amazon-Gewinnspiel teilzunehmen und es wurden noch demografische Daten wie Geschlecht, Alter, Bundesland, höchster Bildungsgrad und momentane Beschäftigung erhoben.

2.3 Videoproduktion

Für die Produktion des Stimulusmaterials im Rahmen der Bachelorarbeit produzierten Maja Nickel und ich zwei Videos. Das Thema *Treibhauseffekt* wurde gewählt, da es einen aktuellen Bezug hat und keine großen Vorwissensunterschiede zwischen Männern und Frauen erwartetet werden. Um die Thematik Klimawandel und Treibhauseffekt realistischer darzustellen und um diese zu verkörpern wurde das Video auf dem Campus der Universität Erfurt gedreht mit einer natürlichen, grünen Hintergrundkulisse. Der fiktive YouTuber wurde dargestellt von Philipp Hoffmann, einem Studenten der Universität Erfurt. Alle Szenen des Videos wurden am 02.06.2019 gedreht. Aus dem Stimulusmaterial wurden zwei Videos mit dem Programm Adobe Premiere Elements geschnitten. Das erste Video beinhaltete Szenen mit hoher PSI, das zweite Video Szenen mit niedriger PSI. Die Unterschiede bezüglich parasozialer Interaktion sind tabellarisch in *Tabelle 1* dargestellt.

Der restliche Inhalt war exakt gleich, damit Unterschiede in Bezug auf die Glaubwürdigkeit von Science Simon nur auf parasoziale Interaktion zurückzuführen sind. Beide Videos wurden per YouTube-Einbettung in den Fragebogen integriert, um eine möglichst realistische You Tube Erfahrung gewährleisten zu können. Aufgrund der geringen Klickzahlen der Videos (zu Beginn unter 30 Aufrufe) kann davon ausgegangen werden, dass keine Werbung von YouTube eingespielt wurde. Um unterschiedliche nachfolgende Vorschläge für weitere Videos durch YouTube zu unterbinden, wurde für die letzten 30 Sekunden des Videos ein schwarzer Bildschirm mit dem Hinweis „Bitte im Fragebogen auf Weiter klicken" eingeblendet.

2.4 Messinstrumente

Alle Messungen der Glaubwürdigkeit und PSI wurden auf einer Likert-Skala in Anlehnung an die vorherigen genannten Studien vollzogen (Hendriks et al., 2015; Dibble et al., 2015).

2.5 METI-Inventar

Zur Erfassung der Glaubwürdigkeit wurde der METI-Fragebogen von Dibble, Hartmann und Rosaen aus dem Jahr 2015 verwendet. Das Drei-Dimensionen-Modell des METI wurde durch eine explorative Faktoranalyse (EFA) aufgedeckt und durch eine weitere Faktorenanalyse (CFA) mit einer größeren Stichprobe bestätigt (Hendrik et al., 2015, S. 16). In dieser Studie wurde die deutsche Version des METI mithilfe des elektronischen Testarchivs des ZPID (Leibniz-Zentrum für Psychologische Information und Dokumentation) benutzt. METI bestand aus 14 Likert-Items auf denen Einschätzungen von 1 (z.B. *inkompetent*) bis 7 (z.B. *kompetent*) erfasst wurden. Das Konstrukt Expertise setzte sich aus 6 Items zusammen, darunter kompetent, intelligent, gut ausgebildet, fachmännisch, erfahren und qualifiziert. Integrität wurde mit den 4 Items aufrichtig, ehrlich, gerecht und fair gemessen.

Wohlwollen beinhaltet die 4 Items moralisch, ethisch, verantwortungsvoll, rücksichtsvoll. Alle Items wurden randomisiert im Fragebogen angezeigt, um eine Zuordnung der Probanden zu verschiedenen Konstrukten zu vermeiden.

2.6 PSI-Scale

Als Kontrollvariable zur Messung von parasozialer Interaktion in dieser Studie wurden fünf Items der PSI-Scale verwendet. Es wurde davon ausgegangen, dass Probanden den Fragebogen ausfüllen, mit dem Wissen, dass es sich um eine Studie handelt. Da sie als rezipierende Probanden nicht wie sonst auf YouTube interagieren können, sei es durch Kommentare oder Teilen eines Videos, ist es ihnen nur möglich eine kurzfristige Beziehung zur Medienfigur aufzubauen und diese einzuschätzen. Es war den Probanden nicht möglich durch Kommentare oder ‚Liken' des Videos mit Science Simon zu interagieren, daher waren Items der EPSI-Scale ungeeignet (z. B. „Science Simon reacted to what I said or did", „Science Simon knew that I reacted to him"). Darunter fällt zum Beispiel gegenseitiges Bewusstsein oder das Wissen, dass Medienfigur und Rezipierende gegenseitig interagieren können, was in dieser Studie nicht möglich war. Aufgrund dessen wurde die PSI-Scale als geeigneteres Messinstrument ausgewählt, da diese die kurzfristige parasoziale Beziehung und *Liking* der Medienfigur misst (Dibble et al., 2015, S. 39). Zudem fand Auter (1992) heraus, dass Probanden, die eine Folge einer Fernsehserie sahen, in der sie direkt angesprochen wurden, PSI signifikant höher einschätzten als Probanden, die nicht direkt angesprochen wurden. Folglich wird angenommen, dass in dieser Studie Probanden ebenfalls höhere PSI wahrnehmen, wenn sie direkt angesprochen werden, wie es in der Experimentalgruppe der Fall ist. Die PSI-Scale wurde auf diverse Mediafiguren (Online Avatare, Filmcharaktere und Politiker) angewandt und erwies sich als internal konsistent und eindimensional (Dibble et al., 2015, S. 26). Aus insgesamt 15 Items wurden die fünf reliabelsten Items der Short-Version der PSI-Scale verwendet. Diese wurden auf einer 5-stufigen-Likert Skala von „stimme nicht zu" bis „stimme zu" erfasst. Zum Beispiel wurden Einschätzungen wie „Science Simon wirkt auf mich wie eine natürliche, bodenständige Person" oder „Das Video hat mir gezeigt, wie Science Simon wirklich ist" verwendet. Zudem wurde um eine Einschätzung der Attraktivität gebeten.

3. Ergebnisse

Die Datenauswertung erfolgte mit dem Programm IBM SPSS Statistics 23. Zur Testung der Hypothesen wurden mehrere t-Tests durchgeführt, die in den *Tabellen 2-4* dargestellt werden. Der Kolmogorov-Smirnoff-Test hat ergeben, dass in zwei Fällen keine Normalverteilung gegeben war (Expertise-hohe PSI p=.027, Wohlwollen-niedrige PSI p=.002). Der t-Test ist jedoch relativ robust gegenüber Verletzungen der Normalverteilung bei einer Stichprobengröße von mehr als 30 Probanden pro Gruppe (Sedlmeier & Renkewitz, 2018, S. 411-412). Da die Experimentalbedingungen jeweils mindestens 55 Probanden umfassen und sonst alle Voraussetzungen (intervallskalierte Variablen, unabhängige Stichproben, Populationen mit gleicher Varianz) erfüllt sind, wird der t-Test für unabhängige Stichproben verwendet. Die PSI-Scale als Kontrollvariable zeigte, dass es keinen signifikanten Unterschied bei der Wahrnehmung von parasozialer Interaktion zwischen der Experimental- und der Kontrollgruppe gab. *Abbildung 2* demonstriert, dass sich die Fehlerbalken der beiden Experimentalbedingungen nicht signifikant unterscheiden.

Die erste Hypothese *(H1)* besagte, dass sich hohe PSI negativ auf die wahrgenommene Expertise des YouTubers auswirkt. Die einseitige Testung ergab einen signifikanten Unterschied zwischen der Experimental- und der Kontrollgruppe zur Bewertung der Expertise, $t(106)$=3.32, p<.001, d=-0.64, 95% KI für d [-5.70, -1.44]. Nach den Konventionen von Cohens d lässt sich auf einen negativen mittelstarken Effekt von PSI auf die Einschätzung der Expertise schließen. Die Ergebnisse zeigen, dass sich hohe PSI negativ auf die Bewertung der Expertise auswirkt. Probanden der Experimentalgruppe M_{hoch}=29.13 (SD_{hoch}=5.75) schätzten die Expertise im Mittel im Vergleich zur

Kontrollgruppe $M_{niedrig}$=32.70 ($SD_{niedrig}$=5.41) niedriger ein. Die Alternativhypothese wird damit angenommen.

Die zweite Hypothese *(H2)* besagte, dass hohe PSI sich positiv auf die Einschätzung der Integrität auswirkt. Es konnte kein statistisch signifikanter Unterschied zwischen den Experimentalbedingungen festgestellt werden t(106)=.13, p>.448, 95% KI für d [-1.38, 1.21]. Probanden mit hoher PSI bewerteten die Integrität von M_{hoch}=22,78 (SD_{hoch}=3.11), während Probanden mit niedriger PSI die Integrität von $M_{niedrig}$=22.87 ($SD_{niedrig}$=3.62) bewerteten. PSI hatte dementsprechend keinen Einfluss auf die Bewertung der Integrität. Die Alternativhypothese wird verworfen und die Nullhypothese angenommen.

Die dritte Hypothese *(H3)* ging davon aus, dass Probanden mit hoher PSI Wohlwollen positiver bewerten als Probanden mit niedriger PSI. Auch diese Hypothese konnte nicht statistisch belegt werden. Es gab keinen statistisch signifikanten Unterschied zwischen der Experimental- und Kontrollgruppe t(106)=.20, p>.422, 95% KI für d [-1.46, 1.19]. Probanden der Gruppe mit hoher PSI schätzten Wohlwollen im Mittel mit M_{hoch}=23,02 (SD_{hoch}=3,24) ein, Probanden der Gruppe mit niedriger PSI schätzten Wohlwollen im Mittel mit $M_{niedrig}$=23.15 ($SD_{niedrig}$=3.71) ein. Die Nullhypothese wird angenommen. Es gab keinen Unterschied in der Bewertung der Integrität oder des Wohlwollens in Bezug auf die parasoziale Interaktion.

3.1 Explorative Datenanalyse

Als Vorannahme wurde erwartet, dass hohe PSI eine größere Behaltensleistung von Informationen bewirkt. Um dies zu testen wurden die Daten der Single-Choice Fragen ausgewertet. Von 108 Probanden beantworteten 21 alle Wissensfragen und 33 alle Aufmerksamkeitsfragen korrekt. *Abbildung 3* zeigt, dass es keinen erkennbaren Unterschied bei der Beantwortung richtiger Fragen in Bezug auf die Ausprägung von PSI gibt. Ähnliche Ergebnisse ergab die Auswertung der Aufmerksamkeitsfragen (*Abbildung 4*). Die Ausprägung von PSI hatte keinen Einfluss auf die korrekte Beantwortung der Fragen.

Da im Video der Studie nur ein männlicher YouTuber zu sehen ist, ist es interessant herauszufinden, ob Frauen die Glaubwürdigkeit insgesamt anders einschätzen als Männer. Es liegt ein statistisch signifikanter Unterscheid zwischen weiblichen und männlichen Probanden zur Bewertung der Glaubwürdigkeit vor, $t(105)=3.01$, p<.003, $d=0.60$, 95% KI für d [2.13, 10.36]. *Tabelle 3* zeigt, dass Frauen eine höhere mittlere Bewertung der Glaubwürdigkeit von $M_{Frauen}=79.19$ ($SD_{Frauen}=10.35$) hatten im Vergleich zur mittleren Bewertung der Glaubwürdigkeit bei Männern von $M_{Männer}=72.95$ ($SD_{Männer}=10.45$). Jedoch war dieser Unterschied in der Bewertung der Glaubwürdigkeit insgesamt, wie bei der Experimental- und Kontrollgruppe, nur auf die Dimension Expertise (p<.000, d=0.77) zurückzuführen. Es gab einen starken Effekt zwischen der Bewertung der Expertise und dem Geschlecht. Auf die Dimensionen Integrität ($p>.102$) und Wohlwollen ($p>.249$) bezogen, gab es keinen statistisch signifikanten Unterschied in der Bewertung der Glaubwürdigkeit zwischen Männern und Frauen (*Tabelle 4*).

Die Auswertung der Verhaltensvariablen hat ergeben, dass Probanden der Kontrollgruppe eher bereit waren sich weitere Videos von Science Simon anzuschauen, als Probanden der Experimentalgruppe. Die Gruppe mit niedriger PSI hatte eine höhere mittlere Bewertung von $M_{niedrig}=13.70$ ($SD_{niedrig}=3.55$) dafür weitere Videos von Science Simon anzuschauen, als die Gruppe mit hoher PSI von $M_{hoch}=12.04$

(SD_{hoch}=3.88). *Abbildung 5* zeigt, dass mehr Probanden der Kontrollgruppe ($n_{niedrig}$=31) angaben, dass es „eher wahrscheinlich" oder „sehr wahrscheinlich" ist, sich weitere Videos von Science Simon anzuschauen als Probanden der Experimentalgruppe (n_{hoch}=22).

4. Diskussion

Im Zentrum dieser Studie stand die Frage, ob parasoziale Interaktion einen Einfluss auf die Glaubwürdigkeit von YouTubern hat. Im Rahmen dessen wurden Probanden zwei verschiedene Videos gezeigt. Daraufhin sollten diese die Glaubwürdigkeit des, im Video agierenden YouTubers, bewerten. Als Manipulation Check zeigte die PSI-Scale keinen signifikanten Unterschied zwischen beiden Experimentalbedingungen. Aufgrund dessen konnte die Annahme, dass Probanden der Experimentalgruppe höhere Werte auf der PSI-Scale aufweisen, nicht bestätigt werden. Daher ist es nicht sicher, ob die Manipulation der parasozialen Interaktion erfolgreich war und ob Probanden diese unterschiedlich wahrgenommen haben. Die folgenden Ergebnisse sind daher unter der Tatsache, dass die Manipulation womöglich nicht wirkungsvoll war, zu betrachten.

Es ist davon auszugehen, dass PSI entgegen der Hypothesen keinen oder sogar einen negativen Einfluss auf die Glaubwürdigkeit von You Tubern/YouTuberinnen hat. Der Vergleich der Glaubwürdigkeitsbewertung zeigte auf den Dimensionen Integrität ($p>.448$) und Wohlwollen ($p>.422$) keinen statistisch signifikanten Unterschied zwischen beiden Gruppen. In Bezug auf Expertise konnte ein negativer Einfluss von PSI ($p<.001$, $d=-0.64$) festgestellt werden (*Tabelle 2*). Dies bedeutet, dass Probanden, welche das Video mit hoher parasozialer Interaktion sahen, Science Simon weniger Expertise zuschrieben als Probanden, welche das Video mit niedriger parasozialer Interaktion anschauten.

Auf der PSI-Scale gab es keinen signifikanten Unterschied zwischen beiden Experimentalbedingungen. Jedoch konnte auf der Verhaltensebene ein Unterschied festgestellt werden. Hier wies die

Kontrollgruppe ($M_{niedrig}$=13.70) eine höhere Tendenz gegenüber der Experimentalgruppe (M_{hoch}=12.04) auf, sich in Zukunft weitere Videos von Science Simon zu schauen. Diese Variable beabsichtigte die Messung weiterer möglicher Interaktionen mit der Medienfigur.

Die Ergebnisse sprechen ebenfalls dafür, dass PSI sich negativ auf die Einschätzung und das zukünftige Verhalten der Rezipierenden auswirkt.

Frauen (M_{Frauen}=79.19) bewerteten Science Simon im Mittel um 6,24 Punkte besser als Männer ($M_{Männer}$=72.95). *Tabelle 3* zeigt einen signifikanten Unterschied in der Gesamtbewertung der Glaubwürdigkeit (p<.003). Es gibt einen mittelstarken Effekt zwischen Geschlecht und der Einschätzung der Glaubwürdigkeit (d=0.60). Möglicherweise schätzten Frauen die Glaubwürdigkeit höher ein, da sie Science Simon als attraktiver empfanden als Männer (*Abbildung 6*). Tatsächlich stimmten 41,8% der Frauen zu oder eher zu, dass Science Simon attraktiv ist, verglichen mit 27,5% der Männer. Da der YouTuber männlich war, kann davon ausgegangen werden, dass Frauen ihn besser bewerteten aufgrund von höherer wahrgenommener Attraktivität und einem möglichen Bedürfnis ihn persönlich kennenzulernen. Allerdings wurden durch das Design der Studie Teilnehmende zufällig zur Gruppe mit hoher bzw. niedriger parasozialer Interaktion zugewiesen. Demnach müssten Effekte in beiden Bedingungen äquivalent ausfallen und können die Hauptbefunde in Bezug auf Gruppenunterschiede nicht erklären. Es wäre interessant, die Studie mit einem männlichen und einem weiblichen YouTuber*In durchzuführen, um Geschlechterunterschiede und Attraktivität besser erklären zu können.

Die Ergebnisse dieser Bachelorarbeit weisen darauf hin, dass es möglich ist, dass Frauen Medienfiguren besser bewerten und dementsprechend ihnen gegenüber stärkere PSB haben als Männer.

4.1 Einschränkungen und Schlussfolgerungen

Bei einer größeren Stichprobe sind möglicherweise statistisch signifikantere Ergebnisse oder andere Effektgrößen zu erwarten. Jedoch war es im Rahmen der Bachelorarbeit nur möglich 109 gültige Probanden zu gewinnen. Bei mehr Teilnehmenden, auch außerhalb des universitären Raumes, können eventuell andere Ergebnisse auftreten. Zum Beispiel ist es möglich, dass Auszubildende oder Berufstätige die Glaubwürdigkeit von YouTuber*innen unterschiedlicher einschätzen als Studierende, woraus der Großteil der Stichprobe dieser Studie bestand. Maja Nickel untersuchte in ihrer Bachelorarbeit die Wahrnehmung der Glaubwürdigkeit 16-19-jähriger Jugendlicher auf der Plattform YouTube. Auch in der jüngeren Stichprobe konnten dieselben Effekte wie in dieser Studie festgestellt werden. Weitere Studien zur Glaubwürdigkeitsforschung auf YouTube sollten das Nutzungsverhalten älterer Erwachsene untersuchen und herausfinden, ob diese YouTuber*innen anders wahrnehmen.

Durch die explorative Datenanalyse konnte der Einfluss des Geschlechts auf die Bewertung der Glaubwürdigkeit festgestellt werden. Weitere Erforschung der Geschlechterunterschiede zur Glaubwürdigkeit sollte daher neue Einblicke und Erkenntnisse liefern.

Zusätzlich ist es möglich, dass Probanden die hohe bzw. niedrige PSI nicht, wie geplant, stark wahrgenommen haben. Diese Studie orientierte sich an Dibble, Hartmann und Rosaen's (2015) und deren Manipulation der PSI. In der Originalstudie wurde das Stimulusmaterial mit zwei Kameras gefilmt, um körperliche Zugewandtheit einem seit-lichen Profil gegenüberzustellen. So entstand ein Video, in dem die Medienfigur direkt zur Kamera gewandt ist und ein Video, in dem sie aus einer seitlichen Perspektive gezeigt wird. Dies galt als Manipula-tion der PSI (Dibble et al., 2015, S. 33). Während der Videoproduktion stand lediglich eine Kamera zur Verfügung, weshalb versucht wurde PSI durch direkte Ansprache, Miteinbeziehen der Rezipienten und si-tuative Faktoren zu manipulieren (*Tabelle 1*). Eventuell nahmen Pro-banden diese Manipulation weniger stark wahr und schätzten daher die Glaubwürdigkeit nicht signifikant unterschiedlich ein. In einer Folgestudie könnte parasoziale Interaktion durch zwei Kameraper-spektiven manipuliert werden und so testen, ob dadurch die Glaub-würdigkeit beeinflusst wird. Außerdem wurden Items der PSI-Scale von Rubin et. al (1985) verwendet, da diese geeigneter im Rahmen dieser Studie waren. Damit konnte die kurzfristige parasoziale Bezie-hung zur und *Liking* des YouTubers gemessen werden. Möglicher-weise ist die EPSI-Scale (Hartmann & Goldhorn, 2011) besser geeig-net, um parasoziale Interaktion zu messen. Diese misst nach einer neuen Definition von Dibble et al. (2015) parasoziale Interaktion als Gefühl des Rezipierenden für gegenseitiges Bewusstsein, Aufmerk-samkeit und Anpassung an eine Medienfigur, das während der Be-trachtung auftritt. Mit der EPSI-Scale als Kontrollvariable, könnte au-ßerdem festgestellt werden, ob parasoziale Interaktion in den Expe-rimentalbedingungen unterschiedlich wahrgenommen wird. Diesbe-züglich war die PSI-Scale eher ungeeignet, da kein signifikanter Un-terschied in der Wahrnehmung von PSI in beiden Gruppen festge-stellt werden konnte.

Weiterführende Studien zu parasozialen Meinungsführern könnten neue Erkenntnisse ergeben. Dies konnte aufgrund des fiktiven You-Tubers in dieser Studie nicht untersucht werden. Möglicherweise nahmen Probanden Science Simon als weniger glaubwürdig war, weil er ihnen unbekannt war. Man sollte bekannte YouTuber und dessen Interaktion mit Rezipierenden untersuchen und feststellen, ob die Glaubwürdigkeit bei bekannten parasozialen Meinungsführern höher eingeschätzt wird. Dies könnte bspw. durch Auswerten von Kommentaren oder Nutzerinteraktionen geschehen. Da zwischen parasozialen Meinungsführern und deren Followern vermehrt parasoziale Interaktionen auftreten, ist es denkbar, dass die Glaubwürdigkeitseinschätzungen unterschiedlich ausfallen könnten.

Aufgrund starker methodischer Einschränkungen besteht keine empirische Evidenz, dass parasozialer Interaktion die Glaubwürdigkeit positiv oder negativ beeinflusst. Weitere Forschung auf diesem Gebiet ist notwendig, um signifikante Vorhersagen treffen zu können. Aus den gesammelten Daten lässt sich jedoch vermuten, dass parasoziale Interaktion keinen oder sogar einen negativen Einfluss auf die Glaubwürdigkeit besitzt. Diese Studie zeigt, dass Frauen, unabhängig von parasozialer Interaktion, die Glaubwürdigkeit besser bewerten als Männer. Zukünftige Forschung sollte sich daher auf Geschlechterunterschiede konzentrieren.

Literaturverzeichnis

ARD/ZDF-Online Studie (2018). *Infografik.* Im Rahmen der Studienreihe Medien und ihr Publikum. Verfügbar unter: http://www.ard-zdf-onlinestudie.de/files/2018/ARD-ZDF-Onlinestudie_Infografik_2018.pdf [09.07.2019].

Barth, J. (2003). *Der liebste Feind – Negative Parasoziale Beziehungen und ihre Bedeutung für den Rezipienten* – Eine qualitative Analyse am Beispiel von Daily Soaps. München: Grin Verlag.

Bentele, G. (2008). Glaubwürdigkeit von Medien: eine kritische Bestandsaufnahme der Forschungsergebnisse. In: Bentele, G. *Objektivität und Glaubwürdigkeit: Medienrealität rekonstruiert.* Herausgegeben und eingeleitet von Stefan Weihmeiner, Howard Nothhaft und René Seidenglanz. Wiesbaden: VS Verlag für Sozialwissenschaften

Chen, C.-P. (2016). Forming digital self and parasocial relationships on YouTube. *Journal of Consumer Culture, 16*(1), 232–254. doi:10.1177/1469540514521081

Corriveau, K., Einav, S., Robinson E. & Harris P. (2009). To the letter: Early readers trust print based over oral instructions to guide their actions. *British Journal of Developmental Psychology, 32*(3), 345-358. doi:10.1111/bjdp.12046

Dibble, J., Hartmann, T. & Rosaen, S. (2015). Parasocial Interaction and Parasocial Relationship: Conceptual Clarification and a Critical Assessment of Measures. *Human Communication Research, 42*, 21-44. doi: 10.1111/hcre.12063

Frees, B. & Koch, W. (2017). *Kern-Ergebnisse der ARD/ZDF-Onli-nestudie 2017.* Vefügbar unter: http://www.ard-zdf-online-studie.de/files/2017/Artikel/Kern-Ergebnisse_ARDZDF-Onlinestudie_2017.pdf [24.07.2019].

Frees, B. & Koch, W. (2018). ARD/ZDF-Online Studie 2018. *Zu-wachs bei medialer Internet-Nutzung und Kommunikation.* Media Perspektiven, 9, 398-413. Verfügbar unter: http://www.ard-zdf-onlinestudie.de/fi-les/2018/0918_Frees_Koch.pdf [09.07.2019].

Frühbrodt, L. & Floren, A. (2019). *Unboxing YouTube.* Im Netz-werk der Profis und Amateure. Frankfurt: Otto Brenner Stiftung.

Gerhoff, J. (2015). *Erfolgreich auf YouTube:* Social-Media-Marke-ting mit Online-Videos. Frechen: mitp-Verlag.

Hartmann, T. (2010). *Parasoziale Interaktion und Beziehungen.* Baden-Baden: Nomos Verlag.

Hartmann, T., & Goldhoorn, C. (2011). Horton and Wohl revis-ited: Exploring viewers' experience of parasocial interac-tion. *Journal of Communication, 61*(6), 1104–1121. doi: 10.1111/j.1460-2466.2011.01595.x

Hartmann, T. (2016). Mass Communication and Para-Social In-teraction: Observations on Intimacy at a Distance von Don-ald Horton und R. Richart Wohl (1956). In Potthoff, M. (Hrsg.), *Schlüsselwerke der Medienwirksamkeitsforschung* (S. 75-84). Wiesbaden: Springer VS.

Hendriks, F., Kienhues, D., & Bromme, R. (2015). Measuring Lay-people's Trust in Experts in a Digital Age: The Muenster Epistemic Trustworthiness Inventory (METI). *PloS one*, *10*(10), e0139309. doi:10.1371/journal.pone.0139309

Koch, R. (2015). *Das 80/20 Prinzip. Mehr Erfolg mit weniger Aufwand.* Frankfurt am Main: Campus Verlag.

Horton, D. & Wohl, R. (1956). Mass communication and para-social interaction: Observations on intimacy at a distance. *Psychiatry, 19*, 215-229.

Korting, J. & Dietrich, A. (2019). *Marktanteil von Video-Sharing-Plattformen in Deutschland im 1. Halbjahr 2016.* YouTube für Unternehmen: ein interessanter Marketingkanal. Sinclair & Spark GmbH. Verfügbar unter: https://sinclair-spark.com/blog/youtube-fuer-unternehmen-ein-interessanter-marketingkanal/ [11.07.2019].

Köhnken, G. (1990). Glaubwürdigkeit: Untersuchungen zu einem psychologischen Konstrukt. München: Psychologie-Verlag-Union.

Kupferschmitt, T. (2018). *ARD/ZDF-Online Studie 2018.* Onlinevideo-Reichweite und Nutzungsfrequent wachsen, Altersgefälle bleibt. Media Perspektiven, 427-437. Verfügbar unter. http://www.ard-zdf-onlinestudie.de/files/2018/0918_Kupferschmitt.pdf [29.07.2019].

Leißner, L., Stehr, P., Rössler, P., Döringer, E., Morsbach, M. & Simon, L. (2014). Parasoziale Meinungsführerschaft. Beeinflussung durch Medienpersonen im Rahmen parasozialer Beziehungen: Theoretische Konzeption und erste empirische Befunde. *Publizistik, 59*, 247-267. doi:10.1007/s11616-014-0208-2.

Lenz, M. (2018). Die Selbstvermarktung von YouTubern. In Schwendner, C., *Die YouTube-Gesellschaft – deren Psychologie, Soziologie und Ökonomie*. Berlin: uni-edition.

Levy, M. (1979). Watching TV news as para-social interaction. *Journal of Broadcasting, 23*. doi:10.1080/08838157909363919.

Medienpädagogischer Forschungsverbund Südwest (mpfs) (2017). *JIM-Studie 2017.* Jugend, Information, (Multi-) Media. Basisuntersuchung zum Medienumgang 12- bis 19-Jähriger. Stuttgart. Verfügbar unter: https://www.mpfs.de/fileadmin/files/Studien/JIM/2017/JIM_2017.pdf [28.07.2019].

Men, L. R., & Tsai, W. (2013). Beyond liking or following: Understanding public engagement on social networking sites in China. *Public Relations Review, 39*(1), 13-22. doi:10.1016/j.pubrev.2012.09.013

Nawratil, U. (1997). *Die Glaubwürdigkeit in der sozialen Kommunikation.* Wiesbaden: VS Verlag für Sozialwissenschaften.

Nawratil, U. (1999). *Glaubwürdigkeit als Faktor im Prozeß medialer Kommunikation.* In: Rössler, P. & Werner, W. Glaubwürdigkeit im Internet. Fragestellungen, Modelle, empirische Befunde. München: Verlag Reinhard Fischer.

Primbs, S. (2016). *Social Media für Journalisten.* Berlin: Springer VS.

Rabe, S. (2019). *Statistiken zu YouTube. Nutzung in Deutschland.* YouTube-Rankings. Statista GmbH. Verfügbar unter: https://de.statista.com/themen/162/youtube/ [19.07.2019].

Schramm, H. & Hartmann, T. (2007). Identität durch Mediennutzung? Die Rolle von parasozialen Interaktionen und Beziehungen mit Medienfiguren. In: Hoffmann, D. & Mikos, L. *Mediensozialisationstheorien.* Neue Modelle und Ansätze in der Diskussion. Wiesbaden: VS Verlag für Sozialwissenschaften.

Schramm, H. & Hartmann, T. (2008). Die Messung von parasozialen Interaktionen als mehrdimensionales Konstrukt. Entwicklung und Validierung von PSI-Prozess-Skalen auf Basis des Zwei-Ebenen-Models parasozialer Interaktion. In: Matthes, J., Wirth, W., Fahr, A. & Daschmann, G. (Eds.). *Die Brücke zwischen Theorie und Empire: Operationalisierung, Messung und Validierung in der Kommunikationswissenschaft.* Köln: von Halem.

Schwendtner, C. (2018). Die YouTube-Gesellschaft – deren Psychologie, Soziologie und Ökonomie. Berlin: uni-edition.

Sedlmeier, P. & Renkewitz, F. (2018). Forschungsmethoden und Statistik für Psychologen und Sozialwissenschaftler. Hallbergmoos: Pearson Deutschland.

Spinda, J., Earnheardt, A. & Hugenberg, L. (2009). Checkered Flags and Mediated Friendships: Parasocial Interaction among NASCAR Fans. *Journal of Sports Media, 4*, 31-55. doi:10.1353/jsm.0.0041

Stehr, P. (2014). Der parasoziale Meinungsführer als Akteur der politischen Wissensbildung. Quantitative Prüfung eines Modellentwurfs. In: Frieß, D., Jax, J. & Michalski, A. *Sprechen Sie EU? Das kommunikative Versagen einer großen Idee.* Berlin: Frank & Timme GmbH. Verlag für wissenschaftliche Literatur.

Stehr, P., Leißner, L., Schönhardt, F. & Rössler, P. (2014). Parasoziale Meinungsführerschaft als methodische Herausforderung. Entwicklung eines Fragebogeninstruments zur Messung des Einflusses von Medienpersonen auf die politische Meinungs- und Einstellungsbildung. *M & K Medien & Kommunikationswissenschaft, 62*, 395-416.

Stuttgarter Nachrichten (2019). *55 Minuten gegen die CDU.* Verfügbar unter: https://www.stuttgarter-nachrichten.de/inhalt.virales-video-von-youtuber-rezo-55-minuten-gegen-die-cdu.d3a2d2ae-d0b8-4e56-8212-9b9f5a931478.html [19.07.2019].

Süddeutsche Zeitung (2019). *Die CDU verzichtet auf Gegenantwort mit Philipp Amthor.* Verfügbar unter: https://www.sueddeutsche.de/politik/rezo-cdu-video-1.4458293 [19.07.2019].

Trepte, S. & Reinecke, L. (2013). *Medienpsychologie.* Stuttgart: W. Kohlhammer.

Yates, B. (2015). It's Social, Not Parasocial: Understanding the Impact of the Internet on Building Community Among Bruce Springsteen Fans. *Atlantic Journal of Communication, 23*, 254-268. doi:10.1080/15456870.2015.1090438

YouTube Pressestatement (2019). Verfügbar unter: https://www.youtube.com/yt/about/press/ [10.07.2019].

Anhang

Abbildungen

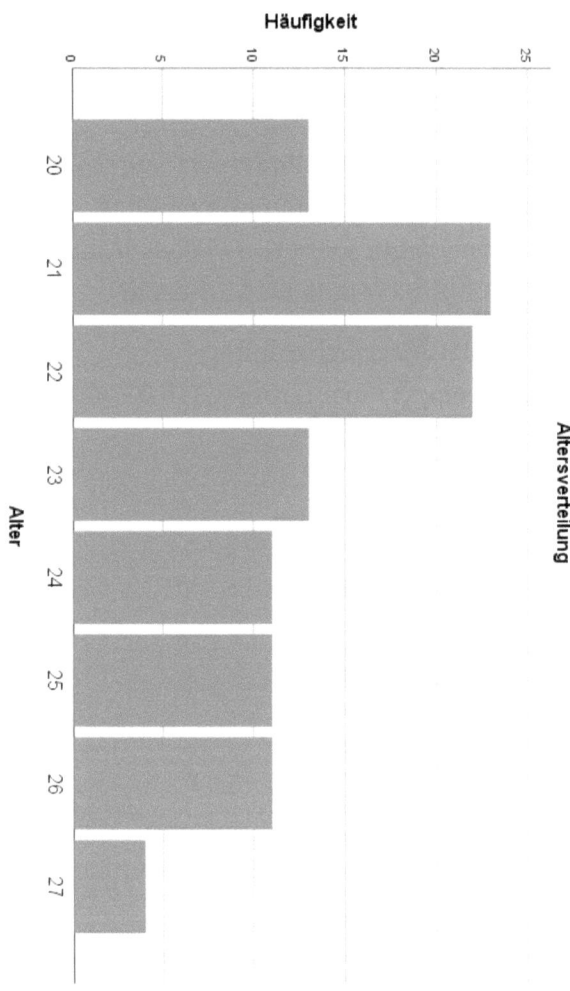

Abbildung 1. Altersverteilung der Stichprobe

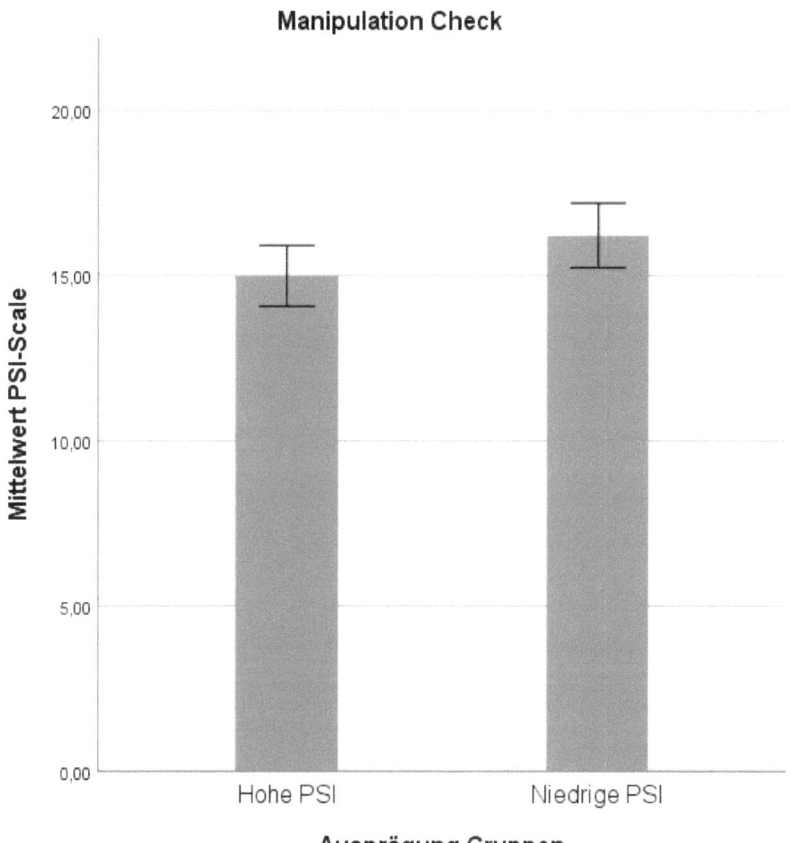

Abbildung 2. PSI-Scale nach Gruppeneinteilung

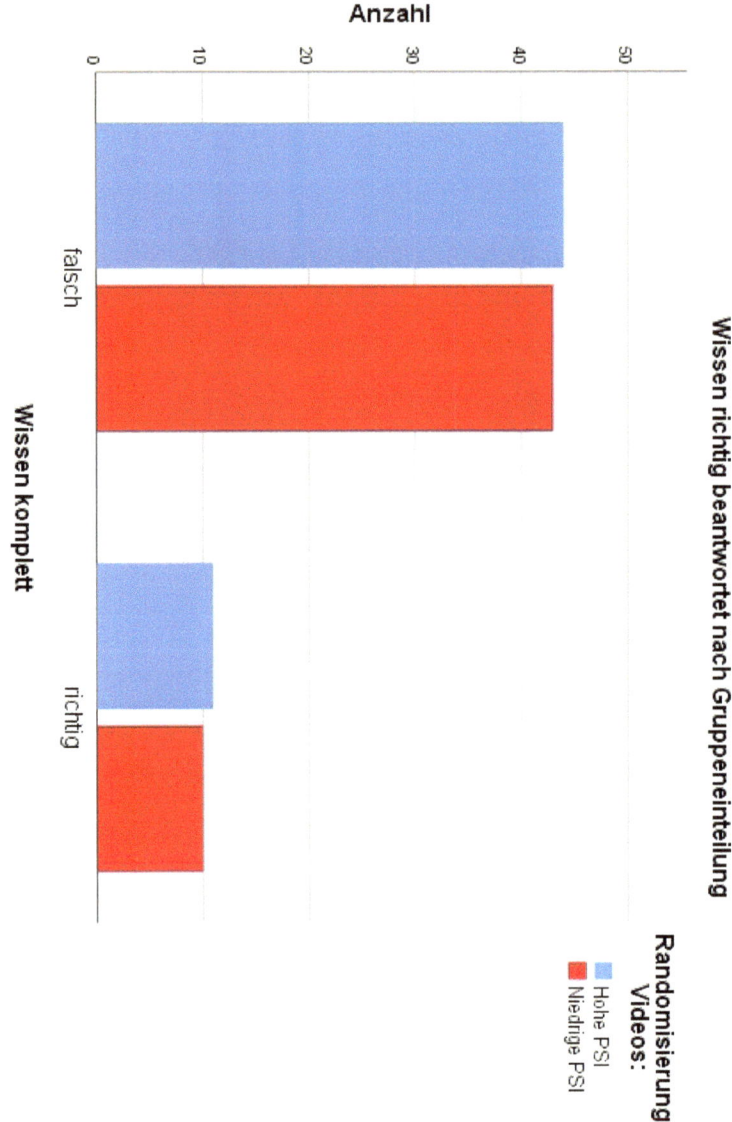

Abbildung 3. Wissensfragen richtig nach Gruppeneinteilung

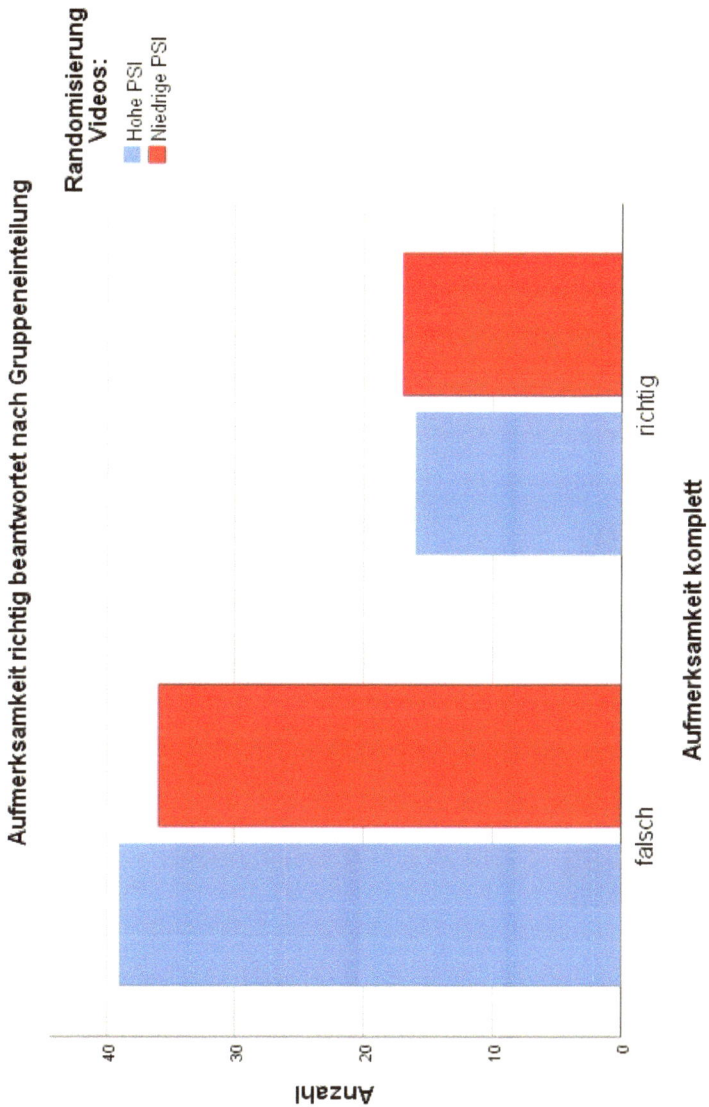

Abbildung 4. Aufmerksamkeitsfragen richtig nach
Gruppeneinteilung

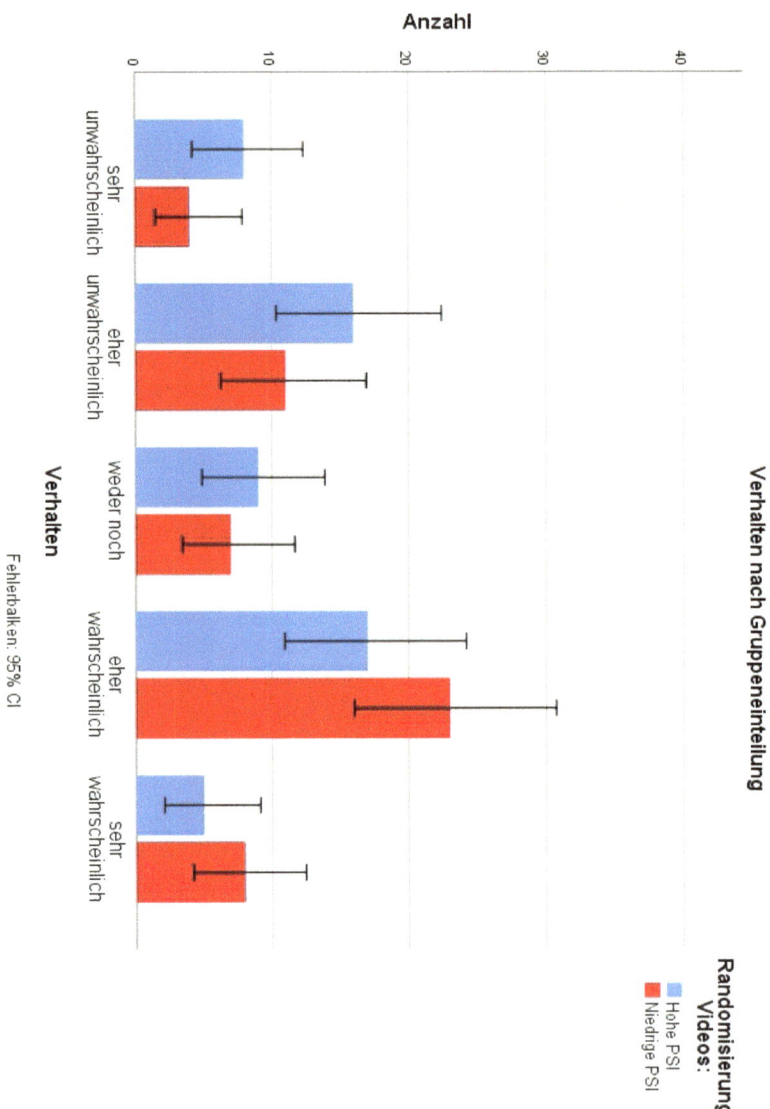

Abbildung 5: Verhalten ("Ich würde mir ein weiteres Video von Science Simon anschauen" und hohe vs. niedrige PSI

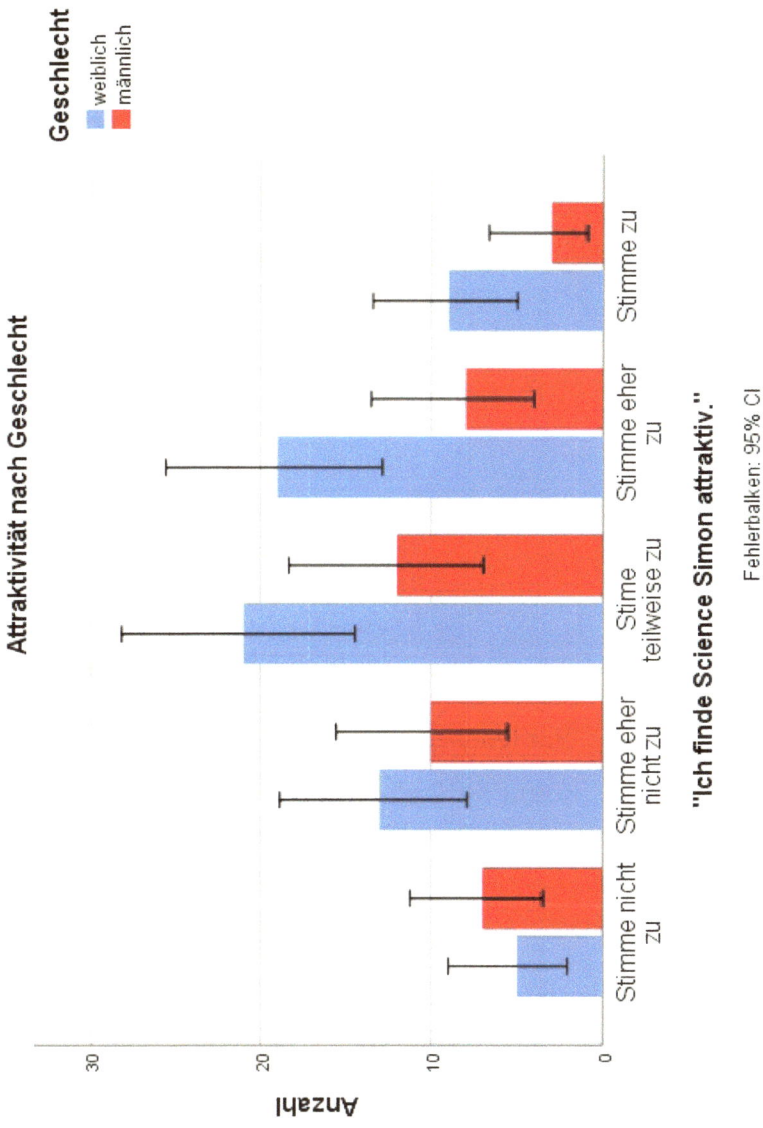

Abbildung 6. Attraktivität von Science Simon nach Geschlecht

Tabellen

Zeitpunkt	Hohe parasoziale Interaktion	Niedrige parasoziale Interaktion
Begrüßung	Science Simon begrüßt Zuschauer herzlich und stellt sich vor	Kurze, sachliche Begrüßung
Treibhauseffekt	„Davon habt ihr bestimmt schonmal etwas in der Schule gehört"	-
UV-Strahlung	„Aaaah wie hießen die nochmal?" - fällt das Wort nicht ein - fängt Sonnencreme – „Aaaaah ja UV-Strahlen"	„Man nennt die Strahlen auch UV-Strahlen, diese sind sehr energiereich"
Natürlicher Treibhauseffekt	„Könnt ihr euch das vorstellen?"	-
Anthropogener Treibhauseffekt	„Jetzt müsst ihr nochmal richtig gut aufpassen, denn es wird wichtig!"	-

Zeitpunkt	Hohe parasoziale Interaktion	Niedrige parasoziale Interaktion
Schaubild einzeichnen	Science Simon zeichnet Wellen, Stift geht leer, „Haben wir noch nen Stift?" neuer Stift wird im zugeworfen	Stift geht leer, Science Simon tauscht Stift aus und macht kommentarlos weiter
Ende	Abmoderation, „Danke für Zuschauen! Wenn euch das Video gefallen hat, hab' ich euch hier noch mehr Videos verlinkt"	Kurze, sachliche Abmoderation

Tabelle 1 Unterschiede in parasozialer Interaktion beim Dreh des Videos

	Hohe PSI			Niedrige PSI			t(106)	p	95% KI		Cohens d
	n	M	SD	n	M	SD			UG	OG	
Ex-per-tise	55	29.13	5.75	53	32.70	5.41	3.32	.001	-5.70	-1.44	-0.64
In-teg-rität	55	22.78	3.11	53	22.87	3.62	0.13	.488	-1.38	1.21	-0.03
Wohl-wol-len	55	23.02	3.24	53	23.15	3.71	0.19	.422	-1.46	1.19	-0.04

Tabelle 2 t-Test für unabhängige Stichproben – einseitige Testung nach Gruppeneinteilung

Anmerkungen. KI = Konfidenzintervall. UG = untere Grenze. OR = obere Grenze.

	weiblich			männlich			t(105)	p	95% KI		Cohens d
	n	M	SD	n	M	SD			UG	OG	
Glaubwürdigkeit insg.	67	79.19	10.35	40	72.95	10.45	3.01	.003	2.13	10.36	0.60

Tabelle 3 t-Test für unabhängige Stichproben – zweiseitige Testung nach Geschlecht

Anmerkungen. KI = Konfidenzintervall. UG = untere Grenze. OR = obere Grenze.

	weiblich			männlich			$t(105)$	p	95% KI		Cohens d
	n	M	SD	n	M	SD			UG	OG	
Ex-per-tise	67	32.54	5.11	40	28.20	6.08	3.95	.000	2.16	6.51	0.77
Integ-rität	67	23.25	3.46	40	22.15	3.16	1.65	.051	-0.22	2.43	0.33
Wohl-wol-len	67	23.40	3.54	40	22.60	3.34	1.16	.125	-0.57	2.18	0.23

Tabelle 4 t-Test für unabhängige Stichproben – einseitige Testung nach Geschlecht
Anmerkungen. KI = Konfidenzintervall. UG = unter Grenze. OR = obere Grenze.